AF250595

LE
CONGRÈS DES ORIENTALISTES

(Paris, septembre 1897)

Compte rendu présenté à la Société d'Anthropologie de Lyon

PAR

M. ERNEST CHANTRE

LYON

ALEXANDRE REY, IMPRIMEUR-ÉDITEUR

4, RUE GENTIL, 4

1898

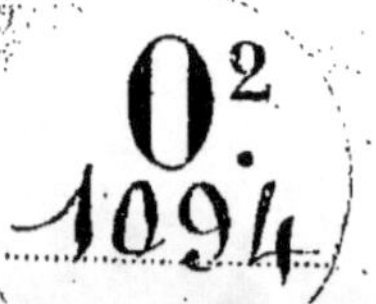
O²·
1094

LE
CONGRÈS DES ORIENTALISTES

(Paris, septembre 1897)

Compte rendu présenté à la Société d'Anthropologie de Lyon

PAR

M. ERNEST CHANTRE

LYON

ALEXANDRE REY, IMPRIMEUR-ÉDITEUR

4, RUE GENTIL, 4

—

1898

LE
CONGRÈS DES ORIENTALISTES

(Paris, septembre 1897)

Compte rendu présenté à la Société d'Anthropologie de Lyon

Il y a près de quinze ans, s'ouvrait à Paris la première session du « Congrès des Orientalistes », né du besoin qu'éprouvaient les savants qui avaient consacré leurs travaux à l'étude des langues, de l'histoire et des croyances des peuples d'Orient de se réunir, d'échanger leurs idées et discuter en commun les problèmes faisant l'objet de leur sollicitude.

Depuis sa fondation, le Congrès a reçu l'hospitalité dans les principales capitales de l'Europe, mettant en rapport les érudits de toutes les nations pour le plus grand profit des études orientales. Cette année, il revenait à son berceau d'origine et la deuxième session s'est ouverte solennellement, le lundi 6 septembre, sous la présidence de M. Rambaud, ministre de l'Instruction publique, dans la salle des fêtes du lycée Louis-le-Grand.

Sur l'estrade, à droite de M. Rambaud, avait pris place M. Schefer, membre de l'Institut, président de la session, et à sa gauche, M. Sauton, président du Conseil municipal de Paris. Les autres sièges étaient occupés par les délégués officiels des gouvernements étrangers. Parmi eux, on remarquait Si-Mahmoud, Si-Omar-ben-Brunat, Si-Mohammed-ben-nahal, représentant l'Algérie; MM. Vambéry, Kirste, Krall, Ludwig, Bulher, Karabacek, Reinish, baron Zwiendinck, représentant l'Autriche-Hon-

grie; MM. Browne et Gate, représentant la Birmanie; MM. le
ministre Tching-Tchang, Li-Yong-Han, représentant la Chine;
Abderrahman-effendi, représentant l'Egypte; M. Deveria, représentant la France; MM. Tawney, Ward, Crooke, Oppert, Stein,
représentant l'Inde; M. Masse, représentant l'Indo-Chine;
MM. Tamii et Inonyé, représentant le Japon; MM. de Gœji et
Trille, représentant les Pays-Bas; MM. Nanphsal et Esov, représentant la Russie; enfin, la Suède et la Norvège étaient représen-
tées par le Dr Pehl. Dans la salle on ne comptait pas moins de
400 délégués, dont une trentaine de dames, et ce chiffre s'est
encore augmenté les jours suivants.

Le discours d'ouverture est prononcé par M. Schefer, président
de la session. Après avoir rappelé les origines du Congrès, il examine quelques-uns de ses plus brillants résultats.

« Le Congrès, dit-il, a suscité de sérieux ouvrages sur les
langues sémitiques; la publication du texte arabe d'un historien
de premier ordre, celle des ouvrages géographiques que nous ont
laissés des voyageurs des provinces vouées à l'islamisme; ces travaux nous permettent d'avoir, maintenant, une connaissance exacte
de l'empire des kalifes abbassides et des événements qui s'y sont
déroulés jusqu'aux premières années du quatrième siècle de l'hégire. D'autres ouvrages, d'une étendue moins considérable, et relatifs à l'histoire, à la poésie et à la grammaire arabes, ont aussi vu
le jour tout récemment et de nombreux mémoires de numismatique
et d'épigraphie ont permis de fixer quelques dates d'une manière
certaine et de rectifier des inexactitudes. Les langues, la géographie, l'histoire et l'archéologie de l'Afrique du Nord ont donné
naissance de leur côté à une série de publications qui ont attiré,
sur cette région, l'attention des savants.

« L'étude du persan n'a été négligée, ni sous le rapport de l'histoire ni sous celui de la poésie, et différents dialectes persans ont
été pour la première fois le sujet de travaux sérieux : je dois, au
sujet de la langue turque, signaler l'importance des découvertes
épigraphiques faites dans le cours de ces dernières années, dans la
région des sources de l'Orkhon et dans la Mongolie; elles ont
fourni la matière de dissertations très intéressantes et elles ont jeté

de vives lumières sur le dialecte des Turcs Toukioué, dont les origines et l'histoire n'ont été retracées que d'une manière très confuse par les écrivains chinois.

« Les études indiennes brillent d'un nouvel éclat : la langue classique, les différents dialectes, l'organisation sociale des peuples divers fixés sur le sol de l'Inde, l'archéologie, l'épigraphie et l'étude des doctrines religieuses, ont provoqué des travaux dont on ne saurait trop louer le mérite. Enfin, la langue et l'histoire des pays malais ont été l'objet de recherches approfondies.

« J'ai cru devoir mentionner d'abord les langues sur l'étude desquelles se sont concentrés les efforts de nos prédécesseurs ; mais, vous pourrez reconnaître, Messieurs, par le nombre et la variété des communications qui vous seront faites, combien sont considérables les progrès réalisés dans l'égyptologie depuis Champollion, de Rougé et Mariette. L'importance des faits révélés par l'assyriologie au point de vue de la chronologie, de l'histoire et des conditions sociales de l'Assyrie et de la Chaldée, fixeront l'attention du Congrès, ainsi que les monuments de l'Asie Mineure étudiés depuis peu.

« Les travaux relatifs aux contrées de l'Extrême-Orient n'ont point été moins importants ni leurs résultats moins fructueux. Un jeune érudit a entrepris la traduction d'un historien qui jouit en Chine de la plus grande réputation. Nous faisons les vœux les plus ardents pour qu'il puisse reprendre bientôt un travail qu'il a interrompu à regret. Des inscriptions chinoises ont éclairci certains points curieux d'archéologie, et un recueil épigraphique, publié grâce à la munificence éclairée d'un des membres d'honneur du Congrès, offre un nouveau champ d'investigations à la perspicacité des sinologues.

« La littérature de la Corée vient aussi de nous être révélée grâce à la publication d'un ouvrage considérable, fruit de longues et patientes recherches. »

M. Rambaud prend la parole après M. Schefer et rappelle, dans une chaleureuse allocution, la part considérable prise par la France depuis saint Louis, pour rapprocher l'Orient de l'Occident. Il souhaite ensuite la bienvenue au nom de M. le Président de la

République, aux délégués envoyés au Congrès par les gouvernements étrangers. M. Sauton souhaite également la bienvenue aux congressistes au nom de la ville de Paris et les invite à une réception à l'Hôtel de Ville.

On entend ensuite les discours de MM. les délégués officiels des gouvernements étrangers, et les congressistes se retirent pour se diviser en sections.

Elles sont au nombre de sept et se répartissent ainsi :

SECTION I. — Langues et archéologie des pays aryens.

SECTION II. — Langues et archéologie de l'Extrême-Orient.

SECTION III. — Langues et archéologie musulmanes.

SECTION IV. — Sémitique.

SECTION V. — Egypte et langues africaines.

SECTION VI. — Grèce. Orient.

SECTION VII. — Ethnographie. Folk-Lore.

Les unes doivent tenir séance au Collège de France, et les autres à la Sorbonne.

Comme il est difficile de donner dans le cadre restreint du *Bulletin de la Société d'anthropologie* un compte rendu détaillé des travaux accomplis dans chacune des sections du Congrès, il est nécessaire de se borner à signaler, au jour le jour, ceux des mémoires les plus saillants, les plus remarqués, les plus applaudis, et cela au hasard des sujets.

Lundi 6 septembre 1897. — Une des plus intéressantes communications de ce jour est celle de M. Aymonnier, directeur de l'Ecole coloniale, faite à la *section d'Indo-Chine et Malaisie.*

M. Aymonnier rappelle d'abord qu'il fit connaître, il y a bientôt vingt ans, les premières dates épigraphiques qui nous ont fixés sur le passé mystérieux de l'ancien Cambodge. Reprenant ces études après une longue interruption, il a récemment établi, dans un article encore sous presse que publie la *Revue de l'histoire des religions*, que tous les monuments dits de Kohker furent édifiés dans l'espace de seize années, de 928 à 944 de notre ère. Il examine la figure curieuse et énigmatique du roi Yasovarman dont la date de l'avènement (889 de notre ère) est la première qu'il ait lue et fait connaître jadis au public. S'appuyant sur des textes positifs d'inscriptions sanscrites ou indigènes, il renverse définitivement les opinions primitivement accréditées sur l'antiquité exagérée attribuée aux ruines d'Angkor-Thom, la vieille capitale cambodgienne, et du Bayon, son étrange et fameux temple aux cinquante tours. Il estime que ces constructions grandioses, qui durent exiger de quarante à cinquante années de travail, furent vraisemblablement commencées vers 850, peu de temps après le milieu du long règne de Yasovarman II, le plus grand roi du Cambodge. En effet, le Bayon fut inauguré vers 885, sous le règne d'Indravarman.

Le jeune Yasovarman, en montant sur le trône en 889, sembla vouloir s'en attribuer la gloire, en proclamant *urbi et orbi* la donation de ce splendide temple, alors qu'il la complétait seulement par des fondations accessoires, que la ville d'Angkor et son palais royal furent achevés vers 900, sous ce même Yasovarman qui eut soin de donner son propre nom à la nouvelle capitale. M. Aymonnier entre dans quelques détails sur plusieurs grands monuments de cette époque. Il termine en disant que ce roi de Yasovarman, qui sembla vouloir ainsi confisquer à son profit les mérites de ses prédécesseurs, eut, vers l'âge de quarante-cinq ans et après une vingtaine d'années de règne, une fin aussi mystérieuse que prématurée; il croit qu'on peut identifier ce prince au roi lépreux, fondateur d'Angkor-Thom, qui est resté si célèbre dans les traditions locales.

Cette communication a été suivie d'une intéressante discussion. Le Dr Kern a demandé quelle était l'époque des premiers monuments bouddhiques au Cambodge. Aux environs de l'an 780, a répondu M. Aymonnier, c'est-à-dire avant l'édification d'Angkor. Boro-Bandor, à Java, est de même date que les monuments khmers. M. Saint-John pose d'autres questions : A quelle époque remonte l'histoire du peuple cambodgien? Au ve siècle. Quand le bouddhisme de Ceylan est-il venu au Cambodge? au xiie.

Dans la même section, M. Marre a donné de pittoresques détails sur les chants malgaches : chants royaux, populaires, d'amour, des martyrs ou cantiques.

Dans la *section d'Egypte* et des langues africaines, M. Erman, qui avait déjà communiqué à la séance d'ouverture le plan d'un *Thesaurus verborum ægyptiacorum*, publié sous les auspices du gouvernement allemand, en reprend l'exposition détaillée. « Cet ouvrage comprendra, autant que possible, tous les mots qui sont contenus dans les textes tracés en écriture hiéroglyphique et hiératique : les expressions démotiques et coptes ne seront admises qu'à titre de comparaison. La Commission chargée de la direction de cet important travail se composera des Académies de Berlin, Gœttingue, Leipzig et Munich. M. Erman espère que la mise en fiches sera achevée en 1904 et que la rédaction définitive du texte pourra être terminée en 1908. L'impression durerait jusqu'en 1913. » M. Erman termine en réclamant l'aide de tous ses confrères pour mener à bien cette œuvre capitale pour l'égyptologie.

M. Ed. Naville, délégué de l'Université de Genève, presente, dans cette deuxième section, un ouvrage considérable et du plus grand intérêt. On connaît le célèbre ouvrage, publié vers 1830 par Lepsius, chef de la « Commission prussienne » : *Denkmæler aus Ægypten und Æthiopien*. Ce sont les textes relatifs aux planches parues dans *Denkmæler*, que publie aujourd'hui le savant professeur de Genève. Ces textes sont uniquement tirés des notes recueillies par Lepsius lui-même durant son voyage. Ils complètent admirablement les *Notices manuscrites* de Champollion, publiées il y a une dizaine d'années, par MM. de Rougé et Maspero.

Il faut noter dans la quatrième section *(sémitique)*, la communication d'une incontestable utilité pratique, de M. Carlo-Conti Rossini. M. Rossini a condensé dans un excellent résumé la substance de toutes les publications éthiopiennes parues depuis le dernier Congrès. Un travail analogue, pour les études égyptologiques, a été lu, dans la section d'Egypte et langue africaine, par M. Moret.

Mardi 7 septembre. — Dans la *section Grèce-Orient*, M. Franz Cumont a lu un travail sur la propagation du mazdéisme en Asie-Mineure. Des textes bien connus de Strabon, saint Basile (lettre n° 258, à saint Épiphane), Priscus (fr. n° 31), attestent l'importance de la durée des foyers du culte perse établis en Cappadoce;

il y en avait aussi en Lydie (Pausanias), en Phrygie et en Galatie
(Bardesane). L'établissement des Mages dans ces contrées remonte
certainement à l'époque des Achéménides; la conquête hellénique
les a laissé subsister et ils ont été l'objet d'une faveur particulière
de la part des dynasties locales (Pont, Cappadoce, Commagène)
qui faisaient remonter leur généalogie aux anciens rois perses.
Les descriptions de Strabon et de Pausanias, témoins oculaires,
nous renseignent sur la coutume et les rites de ces Mages d'Asie-
Mineure, qui étaient sensiblement les mêmes que ceux des Parsis
actuels ; quant aux croyances, il faut en demander le secret aux
« Mystères de Mithra », qui ne sont pas autre chose que le
mazdéisme anatolien, plus ou moins imprégné d'influences hellé-
niques. Ce mazdéisme nous apparaît comme une religion essentiel-
lement naturaliste, adorant Ormuzd assimilé au Ciel, Anaïtis,
Mithra, et des forces naturelles telles que l'eau et le vent ; il est
beaucoup plus proche de la religion des Aryas et de la religion des Achéménides que le mazdéisme de l'Avesta, œuvre d'une
caste fermée et réformatrice, qui n'est pas antérieure aux Sassa-
nides. Quant à la question de savoir s'il existait déjà un « Avesta »
rudimentaire à l'époque achéménide et arsacide, les textes ne
permettent pas de la résoudre : Basile, Eznik l'arménien disent
formellement que les Mages n'avaient pas de livres ; Pausanias
leur en attribue. Peut-être pourrait-on concilier ces deux renseignements.

M. Charles Diehl, professeur à la Sorbonne, a étudié sur le
cérémonial, si curieux, de la cour des empereurs du Bas Empire.
Ce cérémonial nous est surtout connu par le Porphyrogénète;
mais M. Diehl a prouvé que les principaux traits en remon-
taient bien plus haut, jusqu'à Justinien. Le manuel du maître des
offices, Pierre — le directeur du protocole du temps — rédigé
par ordre de Justinien, est malheureusement perdu; mais il nous
reste de précieux renseignements donnés par un témoin oculaire,
Coripus, dans son panégyrique de Justin II. En s'aidant de ce
poème et d'autres sources (mosaïques de Saint-Vital, etc.), M. Diehl
a reconstitué la physionomie des principales cérémonies des temps
de Justinien, le nombreux personnel de l'empereur et de l'impéra-

trice, les costumes éclatants d'or, lourds de pierreries, etc., et il conclut en ces termes : « Justinien, grâce à son orgueil et à son esprit organisateur, a été le codificateur du cérémonial,. comme il a été celui du droit. »

Mercredi, 8 *septembre*. — A la *section IV*, sous-section de l'*assyriologie*, le père ·Scheil a communiqué quelques-unes des découvertes de sa mission en Orient (1897),: sur un nouveau roi Rmi Sin; un nouveau roi Tukulti bêl nisê; une brique du roi Bour Sin ; une liste de noms géographiques du pays de Sirpula ; une tablette d'une nouvelle. version du Déluge; un relief assyrien représentant un cortège funéraire; une empreinte représentant Istar-vache.

A la *section Grèce-Orient*, M. Salomon Reinach a lu un travail sur les Cabires et Melicerte. Le nom de Cabires est évidemment une transcription grecque du mot phénicien kabirim. Mais le culte de ces dieux ne présente aucun rapport avec celui des Sémites.

M. Haussoullier a fait une communication sur la lettre grecque *Sampi*. Des inscriptions, découvertes par lui dans le temple de Didyme, complète heureusement, le peu que l'on savait, jusqu'à présent, de l'emploi de ce caractère.

A la *section d'ethnographie et folk lore*, le Dr Hamy a fait une communication sur « l'Age de la pierre en Indo-Chine ». Il commence à rappeler les progrès considérables accomplis depuis quelques années dans nos connaissances relatives à l'âge de la pierre en Asie; grâce aux recherches exécutées en Syrie, en Cappadoce, dans la vallée de l'Euphrate et en Sibérie. Mais c'est en Indo-Chine que les découvertes ont été les plus importantes, grâce aux travaux de MM. Roux, Aymonier, James de Toulouse, Yersaint et de la mission Pané. Sur le lac Ton-lé-Sap, on a trouvé des villages sur pilotis et de nombreux objets en pierre taillée, dont le plus caractéristique est une hache terminée par un long talon carré, ayant la même forme que celles qui sont en usage dans les tribus indinésiennes de Malaisie. Dans le pays des Banar, le Dr Yersaint a mis au jour un grand nombre de maillets semblables, pour la forme, à ceux qui servent aux tribus océaniennes à fabriquer les étoffes indigènes. De même les collections réunies au Trocadéro et provenant de Malacca, sont analogues à celles de Sava qui sont conservées au musée de Saint-Germain et à celui de Leyden. Ces faits confirment la théorie de la parenté entre les anciennes populations de l'Indo-Chine et celles de la Malaisie.

M. Chantre expose les résultats de ses recherches au cours de sa mission en Cappadoce où il a trouvé un grand nombre de vestiges de l'âge de pierre.

M. Chaffanjon parle des stations de l'âge de pierre de Kiakhta où il y a des haches taillées en jade vert, et des bords du lac Baïkal, à la naissance de l'Angara où il y a des objets en silex noir.

Devant les deux *sections* réunies de l'*Inde* et de *linguistique*, le professeur A. de Gubernatis, délégué de l'université de Rome, a donné lecture de son « Essai sur le dieu Brahman, la déesse Sâvitrî et l'origine de la prière ».

M. de Gubernatis démontre comment le culte de Brahman s'est développé dans l'Inde par une évolution lente, en partant d'un fétiche, pour en arriver à la conception la plus haute de la divinité, en devenant le dieu de la prière, et la prière même étant considérée comme le première cause de la création du monde ; tout le brahmanisme est fondé sur le culte de la prière à la pointe du jour, comme évocation primordiale de la lumière et de la vie. M. de Gubernatis termine ainsi son discours :

« La conception sublime qui nous cache le grand *purusha* *l'athman* et le *brahman* universel, insaisissable, inconcevable, indéfinissable et infini, pour nous faire entendre seulement la prière de la foi, comme le premier signe de la vie du monde, comme le premier appel de l'homme au travail divin, a un caractère si auguste que, si le Véda, le livre de la révélation indienne ne contenait qu'un germe pour notre enseignement, cette seule donnée, cette glorification de la force de la pensée, cette identification de l'intelligence pure qui s'enflamme, et, dans un mouvement de désir, devient une prière féconde qui fait germer les fleurs du monde, avec l'œuvre même de la création, et avec le Créateur suprême, me semble bien faite pour nous rendre fiers de posséder, dans les archives de l'histoire humaine, un si beau parchemin et, sur la marche de la civilisation, un pareil flambeau idéal.

« Si le mot qu'on a prêté à Henri IV, *Paris vaut une messe*, a été réellement prononcé, nous pouvons encore le reprendre ici, pour notre compte, avec une légère nuance. Nous connaissons dans le monde plusieurs villes qui ont été consacrées au culte ; Bénarès dans l'Inde, Jérusalem en Terre-Sainte ; puis Athènes, Rome, Florence, en Europe ; des villes qui ont eu le droit de bénir, des villes saintes, d'où il paraît que l'on prie mieux pour tout le monde.

« Eh bien ! si, de nos jours, on arrive plus à Paris pour une messe, on peut encore venir y chercher une grande bénédiction. La prière qui s'élève sur les autels de la science à Paris, à la Sorbonne et à l'Institut ; la prière de Renan et celle de Pasteur ont pu toucher, à un moment donné, l'université entière. C'est donc ici, dans l'océan de la *vidyâ* universelle, que j'ai préféré venir sonder un instant le mystère de la grande prière aryenne, parce que c'est ici que tout ce qu'il y a de plus pur, de plus subtil et de plus spirituel dans notre race, peut se parler plus intimement, et, si on y met de la bonne volonté, se comprendre mieux et, en priant en commun, pour la paix et le bonheur de toutes les créatures de Brahman, éprouver des émotions plus douces et plus exquises. »

Jeudi 9 septembre. — A la *section des langues et archéologie des pays aryens* nous citerons : MM. Sénart et Oldenburg, « Le Ms. Kharosti du Dhammapada » ; M. Oppert, « Ueber die Bharata » ; M. Stein, « Notes on two maps of ancient kas'mir and Srinagar » ; M. Aymonier, « Le roi Iasorvrman » ; M. Regnaud, « Sur quelques points d'exégèse védique », etc., etc.

A l'*Indo-Chine*, M. Lemire a présenté une grammaire annamite dressée par M. Trung Vinh Ry, professeur de langues orientales à Saïgon, par l'intermédiaire de M. Masse, délégué de l'Indo-Chine.

M. Bonet, professeur à l'École coloniale et à l'Ecole des langues orientales, présente un spécimen de dictionnaire français-annamite, accompagné de caractères vulgaires et chinois.

Cette publication est appelée à rendre de grands services.

M. Barhei de Meynard, « Un poète arabe du IIe siècle de l'hégire » ; M. Karabacek, « Origine et expansion des chiffres arabes »; M. Max Herz Bey, « L'art arabe en Egypte sous les sultans mamlouks, turcomans et circassiens », etc., etc.

Sultan Mohammed Effendi prononce en arabe un discours sur les inventions faites par les Arabes avant l'Islamisme.

Pour donner une idée plus grande de la variété et de l'intérêt des travaux de cette section, on peut citer encore quelques-uns des mémoires dont la lecture est mise à l'ordre du jour de la séance suivante :

M. Mayer Lambert, « L'accent en arabe » ;

M. Grünert, « Eine Grammatik des altarabischen volksprache »;

M. Kunos, « La poésie turque » ;

M. Nauphal, « Sur la législation et la religion de l'Islam ».

Pendant ce temps, les assyriologues s'entretenaient de cylindres hittites et écoutaient la lecture d'un passage de l'ouvrage, sous presse, du R. P. Scheil, sur ses fouilles à Lippara, passage concernant la *Sépulture* en Babylonie.

A la *section Grèce-Orient*, M. Strzygoswski a fait une communication sur l'état actuel des études d'art byzantin. Il expose d'abord, province par province, l'avancement des recherches, les monuments publics, les lacunes et les désideratas de la science. Il ajoute quelques mots sur la « question byzantine en Orient », c'est-à-dire sur les origines de l'art copte et de l'art arabe.

Enfin, à la *section d'Ethnographie* et *folk-lore,* on n'a pas travaillé moins activement.

M Hamy traite des relations ethnographiques entre l'Asie et l'Amérique. La question a été soulevée, pour la première fois, par Paracelse, au xvie siècle. Humbold a, le premier, développé une théorie solide et d'ensemble sur la communauté d'origine des races et des civilisations des deux côtés du Pacifique. La jeune école américaine est hostile à cette doctrine et applique à l'ethnographie la loi de Monroë. Les reproductions des monuments anciens de l'Amérique, obtenus à l'aide de l'estampage et de la photographie, plus exacts que ceux que l'on possédait auparavant, ont permis d'étudier la question avec plus de sûreté, et, en particulier, les reproductions de divers monuments américains, exécutés pour le Musée du Trocadéro, sous la direction du duc de Loubat. Très belles et d'une exactitude scrupuleuse, elles ne laissent point de doute sur l'analogie qui existe entre ces monuments et ceux de l'Indo-Chine et de Java. M. Hamy en offre plusieurs photographies à la Section. Il ajoute que les Américains préparent une expédition considérable, ayant pour but d'étudier les populations des rivages de l'Amérique nord-occidentale et de l'Asie sud-orientale. La primeur des documents que rapportera cette mission est réservée au prochain Congrès des Orientalistes.

M. Vambéry fait observer que l'une des photographies offertes par M. Hamy représente un monument très semblable à celui de Borou-Bodour, dont le Gouvernement hollandais a fait publier la reproduction.

M. A. Moret a présenté une brochure sur « La condition des féaux en Egypte, dans la famille, dans la société, dans la vie d'outre-tombe ». Dans l'Egypte ancienne, le même mot servait à désigner les relations de fils à père, de client à patron, de vassal à prince, enfin des âmes des défunts vis-à-vis des dieux supérieurs. M. Moret démontre qu'en Egypte, comme en Grèce et à Rome, l'autorité souveraine du père a été le point de départ de la vie sociale, politique et religieuse.

M. Regnaud a traité des rapports de mythologie et du folk-lore, qui ont été exagérés, la mythologie ayant sa source moins dans les contes populaires que dans cet artifice du langage, qui consiste à personnifier des abstractions.

M. A. Danon a parlé des superstitions des Juifs ottomans, et décrit divers procédés de divination, diverses cérémonies destinées à écarter les mauvais génies, les formalités symboliques du mariage, etc.

Vendredi et samedi 10 et 11 septembre. — Durant ces derniers jours, les travaux se sont poursuivis avec la même activité dans les diverses sections.

M. Carl Schmidt a donné une lecture d'un mémoire sur l'art

copte. L'étude de cet art, autrefois tout à fait négligée, n'a commencé à être cultivée précisément qu'à partir du beau travail de Gayet sur les monuments coptes du Musée de Gizeh (1889). Ce savant et M. Ebers ont rattaché les origines de l'art copte à l'ancien art égyptien dont il aurait transformé les types dans un sens chrétien. En réalité, l'art copte, tout en utilisant quelques motifs ou symboles indigènes est une branche de l'art byzantin. M. Schmidt communique, à titre d'exemple, la photographie d'un peigne en ivoire trouvé à Antinoë. Il exprime l'espoir que les objets coptes du Musée égyptien soient centralisés dans une collection unique, de préférence à Alexandrie.

M. Isidore Lévi fait une communication sur les différente versions du mythe de la naissance de la perle, où intervient l'éclair « générateur » ou « perturbateur », et où les auteurs chrétiens ont vu un symbole, soit de la naissance de Jésus, soit du baptème.

Citons enfin pour terminer la proposition faite à la *section des langues et archéologie musulmanes* par M. Goldziher, que les orientalistes de tous les pays se concertent afin de travailler à une énorme encyclopédie du monde musulman. Cet ouvrage qui aurait un nombre presque indéfini de volumes, comprendrait, rangés par ordre alphabétique, des articles dont le moindre serait une volumineuse étude sur chacun des points de l'histoire, de la géographie, de la littérature, de l'art, de la vie du monde musulman. Les orientalistes allemands semblent favorables à ce projet, et il serait probable que cette *Encyclopédie du monde musulman* serait rédigée en langue allemande. On ne peut s'empêcher de constater les efforts faits par la science allemande pour se mettre au premier rang de l'orientalisme, et à mieux dire, pour l'accaparer.

Enfin, dans leur dernière réunion, les sections ont émis et adopté un certain nombre de vœux. C'est ainsi que le Congrès, considérant que des fouilles méthodiquement conduites dans le sol de l'Inde promettent les découvertes les plus précieuses ; considérant combien il importe que, pour une pareille tâche l'initiative privée et le concours de l'Occident s'associent aux vues si libérales et si éclairées du gouvernement de l'Inde, souhaite qu'il soit fondé le plus tôt possible une Association internationale pour l'exploration archéologique de l'Inde, l' « India exploration fund » qui aurait son siège à Londres.

Sur la proposition de la section de sémitique, le Congrès renouvelle le vœu, déjà formulé au septième congrès des orientalistes, à Vienne, « qu'une édition critique du *Talmud* voie le jour le plus tôt possible ».

MM. Lefèvre-Pontalis, Lemire, Aymonier ont fait adopter le vœu « que, à cause de l'importance historique et archéologique des monuments anciens de l'Indo-Chine française, des mesures de conservation soient prises sur place pour empêcher la dissémination des pièces ».

Enfin le Congrès a adopté le vœu de la section de langues et archéologie musulmanes, relatif au rapport de M. Goldziher, sur le projet d'une « Encyclopédie musulmane ».

Après quelques paroles de M. Maspero, le dévoué secrétaire général du Congrès, le président M. Schefer, a remercié les congressistes de l'assiduité dont ils ont fait preuve, cette semaine, dans toutes les sections. Il a fait ressortir brièvement l'importance des résultats acquis et a prononcé la clôture de la session.

À l'issue de la séance de clôture, M. le Président de la République a reçu à l'Elysée les délégués officiels des gouvernements étrangers qui lui ont été présentés par MM. Schefer et Maspero.

Le soir, un grand banquet était offert à l'Hôtel Continental à leurs collègues étrangers par les délégués français sous la présidence de M. Lebon, ministre des Colonies.

Les travaux des séances ont été agréablement coupés par des visites intéressantes aux collections du Louvre, du Musée Guimet, à la Bibliothèque nationale, à l'École coloniale, à l'École des langues orientales, au Muséum d'histoire naturelle.

La Bibliothèque nationale avait voulu profiter de cette occasion pour exposer, dans la *Galerie Mazarine*, des documents sur l'Orient d'une richesse inestimable. La collection des imprimés orientaux est surtout remarquable. Elle renferme le premier livre imprimé en caractères arabes. C'est le *Kităb çalat el seouâ'i* (Livre des premières des heures, in-8, Fano, 1514). Puis une série d'autres volumes : la première grammaire arabe imprimée en

France (1539) ; la première Bible polyglotte imprimée (1514-1517);
le catéchisme composé par ordre de Richelieu (1640), alors qu'il
était évêque de Luçon, et traduit en arabe par le le P. Juste de
Beauvais, capucin ; une première édition hébraïque du Pentateuque,
Bologne (1482) ; la grammaire hébraïque de Tissaro (1509) ; la
grammaire grecque de Lascaris, première édition grecque et premier livre sorti des presses d'Alde, avec date 1494-1495. D'autres
richesses sans prix sont exposées aux yeux avides des amateurs.
D'abord, le plus vieux manuscrit indien connu, écrit sur écorce de
bouleau, et trouvé, en 1892, par la mission Dutreuil du Rhins ;
puis le *Protocole* de la chancellerie égyptienne du règne de
Barasbâi, Sultan mamlouk circassien, etc., etc.

Une visite non moins intéressante fut celle au musée Guimet où en
outre des belles salles japonaises, chinoises, indo-chinoises, indoues,
peu ou mal connues de la plupart des congressistes, on pouvait voir
des acquisitions et des installations nouvelles. C'est ainsi que dans le
jardin du Musée se trouve reproduit en grandeur naturelle le plus
ancien monument connu d'art bouddhique, la porte du Stoupa de
Santahi. Ailleurs, dans une salle à part, une cérémonie du culte
des Parsis, sollicitant l'attention du visiteur, qui reste surpris à la
vue de la simplicité du prêtre vêtu de blanc, accroupi devant le
feu sacré, ou plutôt devant les objets qui servent à entretenir la
flamme pure.

Les curieux d'art se portaient, d'autre part, à l'exposition des
objets de toute nature trouvés à Antinoë, en Egypte. Les fouilles
d'Antinoë avaient été entreprises, il y a deux ans environ, par le
savant orientaliste Gayet, aux frais de M. Guimet. Ce dernier, au
cours de ses études sur les religions orientales, avait été amené à
s'occuper de la fusion des cultes égyptien et romain ; au temps de
la domination romaine en Égypte. Il avait estimé que l'ancienne
Antinoë, de par le rôle qu'elle avait joué à ce moment, devait ren-
fermer en quantité dans ses ruines des monuments figurés. Il se
croyait certain, tout au moins, d'y découvrir enfin l'effigie, que
devait avoir existé, de l'Isis égypto-romaine. Il ne s'était pas
trompé. On a retrouvé plusieurs exemplaires, dont un parfaite-
ment intact. Les objets du culte ont été retrouvés également ; mais,

comme il arrive souvent dans les fouilles, on a fait en même temps des trouvailles auxquelles on n'avait pensé aucunement, et des trouvailles aussi instructives que rares.

Ces découvertes ont été faites dans une série de nécropoles d'époques différentes. explorées avec une méthode scrupuleuse, grâce à laquelle il a été impossible de se tromper sur la destination et la date des objets découverts. On a recueilli dans les tombes une douzaine environ de bas-reliefs en stuc, où les artistes du temps portraituraient *ad vivum* les défunts de marque, en rehaussant de couleur leur travail. Mais on connaissait déjà un bon nombre de ces curieux spécimens d'art funéraire, et le Louvre en possède une série d'un remarquable intérêt. Ce qu'on a trouvé de plus précieux et cette fois de vraiment unique, ce sont des étoffes de soie ornées de motifs en couleur du goût le plus délicat et de l'exécution la plus fine, et dans l'étude desquelles nos fabricants d'aujourd'hui trouveraient d'utiles leçons. Des chaussures de femmes, en maroquin gaufré, d'un modèle charmant, et de petits miroirs de verre sertis dans des montures de bronze complètent heureusement cet ensemble.

En passant de cette exposition d'un goût si délicat à celle des *antiquités hétéennes rapportées de Cappadoce par M. Chantre*, on est frappé par ce contraste des unes et des autres. On est ici, sinon en pleine barbarie, certains objets le démontrent, du moins dans un état de culture très rudimentaire, expliqué d'ailleurs par le nombre respectable de siècles qui séparent ces diverses étapes faites par la civilisation dans la voie du progrès.

Ces nouvelles séries archéologiques se composent de moulages des bas-reliefs rupestres de la Ptérie et de nombreux vestiges de cette civilisation si originale qui a reçu le nom de hittite ou hétéenne, ou encore de syro-cappadocienne. Les Hétéens paraissent être les Khétas de la Bible qui combattirent les Égyptiens. On sait actuellement que la civilisation hétéenne se rattache par centains côtés à celle de la Chaldée et de l'Égypte. Les récentes fouilles de M. Chantre ont apporté quelques renseignements qui semblent devoir éclairer la question restée obscure de l'époque à laquelle on pouvait faire remonter cette civilisation hétéenne. Il semble qu'elle doit se rapprocher de celles qui se sont développées à Hissarlik, à Rhodes et à Abydos. La découverte enfin de textes cunéiformes babyloniens prouve l'existence des relations des Hétéens avec la Chaldée et vient en préciser l'époque.

Ajoutons encore pour terminer que M. Chantre a rapporté de la Cappadoce et du Taurus cilicien une collection de petits bronzes — animaux et figurines humaines — d'un très vif intérêt. Le zèbre, le bélier aux puissantes cornes, l'aigle seul ou perché sur une tête de capridé, ou sur un piédestal, des taureaux, des chèvres, des chevaux, des chiens tous figurent dans cette collection. Quelques-uns appartiennent à lépoque romaine ; presque tous les autres sont des souvenirs plus ou moins altérés des peuplades primitives, ancêtres de montagnards du Taurus qui vénéraient le zébu, la chèvre, l'aigle, soit comme de véritables dieux, soit comme les attributs de leurs divinités indigènes.

Pendant la durée du Congrès, les savants prenant part à ses travaux ont été l'objet de très brillantes réceptions. Elles ont eu lieu chez M. le ministre de l'Instruction publique, chez S.-A. leprince Roland Bonaparte, chez M. Sénart, chez M. le marquis de Voguë, à l'Hôtel-de-Ville.

Sur l'invitation du Gouvernement italien, il a été décidé que le prochain Congrès se tiendrait à Rome en 1899.

Lyon. — Imp. Pitrat Ainè, A. REY Succ., 4, rue Gentil. — 16868

www.ingramcontent.com/pod-product-compliance
Lightning Source LLC
Chambersburg PA
CBHW051425060726
47596CB00006B/2371